Jacques Offenbach

Die Verlobung bei der Laterne

Le mariage aux lanternes

Leseklassiker

Jacques Offenbach

Die Verlobung bei der Laterne

Le mariage aux lanternes

ISBN/EAN: 9783955630089

Auflage: 1

Erscheinungsjahr: 2013

Erscheinungsort: Bremen, Deutschland

Leseklassiker

Die Verlobung bei der Laterne.

(LE MARIAGE AUX LANTERNES)

Operette in einem Act

nach dem Französischen des

MICHEL CARRÉ und LÉON BATTU.

Musik von

J. Offenbach.

Vollständiger Klavierauszug
mit deutschem und französischem Text.

ED. BOTE & G. BOCK
BERLIN W. 8.
Gegründet 1838.

Die Verlobung bei der Laterne.

(Le mariage aux lanternes.)

Operette in einem Act nach dem Französischen des
Michel Carré und **Léon Battu.**

Musik von

Jaques Offenbach.

Personen.

Peter, Pachter. . . . . *Tenor.*
Liese, seine Muhme. . . . . *Mezzo-Sopran.*
Anne Marie, } Wittwen, Bäuerinnen. . . . . *Sopran.*
Catharina, } Wittwen, Bäuerinnen. . . . . *Mezzo-Sopran.*
Nachtwächter, (Sprechrolle)
Bauern und Bäuerinnen.

Scene: Platz in einem Dorfe vor Peters Pachthof.

Inhalt.

DIE VERLOBUNG BEI DER LATERNE.

(Le mariage aux lanternes.)

OUVERTURE.

J. Offenbach.

Fl. Ob.
Fl. Kl.
Fl. Ob. Kl.
Viol. Br.
Quart.
ritenuto
Kl.
Ob.
K.-B. Hörn.
Viol.
Allegretto.
Br.
Bässe.
Fag. Hörn.
Viol.
Hörn.
Viol.
Fag.
1. Ob.
Quart.
Fag. Hörn.
Fl. Kl.
Ob.
1. Kl.

Quart.
2. Kl.
Fl.
Viol.
Ob.
Kl.
Br.
Vcll. Horn.
Tutti.
dim.
f
Ob.
p
Quart. Bläser.
Fag.
Fl. Kl.
Quart.
Bläser.
Quart
Fl. Kl.
Quart.

Tutti.
L'istesso tempo.
Fl. Kl. Horn.
Viol.
Andantino.
Quart.
Quart. Bläser
Tr. Pos.
1. Viol.
2. Viol.

Allegretto.
Fl.
Ob. Kl.
Ped.
Ped.
Ped.
Ped.
Quart. Ob.
Fag. Hörn.
Fl.
Ob.
Kl.
Quart.
Bläs.
Ob.
Viol.
Kl.
Br.
Vell.
Fl. 1. Viol.
Fl.
1. Viol. Fl.
Ob.
Kl. 2. Viol.
Kl.
2. Viol. Kl.
Ob.
p
Horn. Ob.
Quart.
Fag. Hörn.

8
Quart. Bläs.
Pauk.
cresc.
poco
a
poco
L'istesso tempo.
rall.
Moderato marciale.
Tutti.
ff

Prestissimo.

Der Schauplatz ein freier Platz im Dorfe. In der ersten Coulisse links Peter's Haus, rechts der Eingang zu einer Scheune, vor der ein grosser Baum mit einer Rasenbank. Vor dem Hause ein Tisch.

Le Théâtre représente une place de village. Au premier plan, à gauche du spectateur, la maison de Guillot; au même plan, à droite, l'entrée d'une grange, devant laquelle se trouve un gros arbre dont le pied forme banc de gazon; une petite table rustique devant la maison.

Erste Scene.

Liese *steht sinnend am Baume.*
Peter *von links.*

Peter *(für sich).* Ein schmuckes Mädel ist die Liese! Gott straf mich! Backen wie die Posaunenengel auf der Orgel und 'nen Mund zum Abschmatzen! Die Arme und die Augen und die Zöpfe! Man möcht gleich - - - Nu seh Einer an, wie das wieder dasteht, so duhse, so trübetimplig, so flennerlich! — Was ihr nur durch den Kopf gehen mag? Das arme, gute Kind! — Ob ich sie wohl frage? — — Nein, Peter, das wäre gegen die Supernation, nennt man das! Sie ist mir von Onkel Martin als Pa — Pe — Pupille übergeben. Ich bin ihr Vormundschaftsgericht, ihre Behörde, ihr Schulze, ihr Landrath, ihre Regierung bin ich. Also Regierung nimm dich zusammen, setz dich in Respect, Peter! *(laut)* Liese!

Liese. *(auffahrend)* Ja, Vetter!

Peter. Herr Vetter heisst es. Was thust du hier?

Liese. Nichts, Herr Vetter.

Peter. Und was hast du zu thun?

Liese. Nichts, Herr Vetter.

Peter. So! — — Nennst du das arbeiten?

Liese. Nein, Herr Vetter.

Peter. Ist im Stall Alles in Ordnung?

Liese. Nein, Herr Vetter.

Peter. Ist für die Hühner gesorgt?

Liese. Nein, Herr Vetter.

Peter. Nein und immer nein! Pfui, schäme dich! Den ganzen Tag faullenzen, dass in der Wirthschaft Alles drunter und drüber geht! Nichts anfassen und die Hände in den Schooss legen. Schickt sich das für'n Bauermädel? — Und immer den Kopf hangen lassen und sauer sehn und dann wieder nach den Sternen gucken und so machen *(er seufzt sehr tief)*, schickt sich das für ein Bauermädel?

Liese. Aber lieber Herr Vetter —

Peter. Ach was lieber! Denkst wohl: bist ein vornehmes Fräule, weil du städt'sch erzogen bist und was gelernt hast? — He? — Das haben wir auch!

Liese. Aber einziger Herr Vetter!

Peter. Ja bitten kann sie und ansehn kann sie Einen, wie die liebe Unschuld selber. Sieh mich nicht so an, Liese! — Augen runter! Kopf hoch! Und nicht mehr gemuckst! Arbeiten soll sie und ein fröhliches Gesicht machen, soll sie! Versteht sie mich, Jungfer?

Scène 1re.

Guillot, Denise.

Au lever du rideau Denise est en scène au près de l'arbre, elle est pensive. Guillot entre par la gauche.

Guillot. (brusquement) *Eh bien?... qu'est-ce que tu fais là, plantée comme une image?*

Denise. *Moi, mon cousin... je ne fais rien.*

Guillot. *Je le vois bien, à quoique tu penses?*

Denise. *Dam, mon cousin...*

Guillot. *À pas grand chose de bon, ben sûr! Les poules ont-elles à manger seulement? je parie que tu ne leur z'as pas encore donné leur grain d'aujourd'hui.*

Denise. *Non, mon cousin, mais...*

Guillot. *Là qu'est-ce que je disais! as-tu fini au moins de tricoter la paire de bas que tu as commencée avant-z'hier?*

Denise. *Oh! pour ça, non, mon cousin!*

Guillot. *J'en étais sûr! Et il est déjà 7 heures du matin! mais, quoique t'as fait aujourd'hui, je vous le demande? À quoique tu passes ton temps? à dormir debout à rêvasser comme une demoiselle... ça n'peut pas marcher comme ça d'abord! avec ta mine triste à porter le diable en terre.*

Denise. *Oui, mon cousin.*

№ 1. Couplets.

Allegro.
Peter. (Guillot.)
Was
Que
Allegro.
PIANO.
Quart.
f
Tutti.
1. 2. Viol. Vell.
p
wohl der On_kel Mar_tin spricht, säh er dein trau_ri_ges Ge_sicht, säh
di_rait l'on_cle Ma_thu_rin S'il te vo_yait l'air si cha_grin, s'il
er ver_weint, säh er ver_wei_net dein Ge_sicht. Nein nein, so leid' ich's
te vo_yait, s'il te vo_yait l'air si cha_grin. Al_lons, je veux te
Kl.
Fag. Hörn.
Quart.
län_ger nicht; sei hei_ter, wi_der_sprich mir nicht, sei hei_ter, lu_stig,
voir sou_dain, ri_an_te, gaie, heu_reu_se en_fin, Je veux te voir ri_
Kl.

froh und wi - der - sprich mir nicht! Ach! ach!
an - te, gaie, heu - reu - seen - fin. Ah! Ah!
Ob. Kl.
Quart.
Fag.
ach! ach!
Ah! Ah!
Fl.
Tutti.
Peter. (Guillot.)
1. Wie bringst du hin den lan - gen
1. A quoi pas - ses - tu ta jour -
Peter. (Guillot.)
2. Jetzt seit zwei Stun - den wie es
2. Tu ne fais rien de puis deux
2. Viol. Br. Vcll.
1. Viol. Ob.
Tag? Ver - pfleg' das Vieh, dem komm ich heim, so seh' ich nach - he?
née? trou - ve - rai - je en ren - trant la bas - se - cour ga - vé - e?
scheint, hast du hier nichts ge - than, ge - seufzt nur und ge - weint.
heures, eh bien! en ve - ri - té l'on - di - rait que tu pleu - res.

Liese. (Den.)
Peter. (Guil.)
Ja, Herr Vet - ter! Zur Wei - de trei - be gleich das Vieh, und nach dem
Oui, mon cou - sin! As - tu ren - tré dans l'é - cu - rie Le foin? As -
Liese (sich die Augen trocknend.)
(Denise) (s'essyant les yeux.)
Peter. (Guil.)
Nein, Herr Vet - ter! Kannst ü - ber mich du Klag' er - he - ben, schalt ich
Non, mon cou - sin! Ne suis - je pas la bon - té même Et pour toi
Fl. Ob. Kl. Fag.
Viol
Liese. (Den.)
Heu dort in dem Stal - le gleich sich', sich', na! Ja, Herr
tu me - né les bœufs dans là prai - ri - e? Oui, mon
Liese (Den.)
dich je - mals aus, macht' sauer dir das Le - ben? Nein, Herr
ma dou - ceur n'est - el - le pas ex - trê - me? Non, mon
Holz.
Peter. (Guil.)
Vet - ter! Hast du be - sorgt das A - bend - es - sen und auch dem
cou - sin! La soupe est - el - le pre - pa - rée? As - tu mis
Peter. (Guil.)
Vet - ter! Wirst du mir end - lich denn ge - ste - hen, wa - rum man
cou - sin! A - lors tâ - che donc de me di - re Pour - quoi ja -
Quart. Ob.

Liese.(Den.)
Fe - der - vieh sein Fut - ter zu - ge - mes - sen? Ja, Herr
au gre - nier la lu - zer - ne cou - pé - e? Oui, mon
Liese.(Den.)
nie - mals, nie - mals lä - cheln dich ge - se - hen? Ach, Herr
mais chez nous l'on ne te voit sou - ri - re? Dam, mon
Holz.
Peter.(Guillot.)
Vet - ter! Sieht in der Kü - che und im Haus es end - lich
cou - sin! Trou - ve - rai - je en - fin, je te prie, Tout en or -
Peter.(Guillot.)
Vet - ter! Nun so ver - lang' ich auf der Stell' ein Lä - cheln
cou - sin! Al - lons j'en - tends que tout de suite Tu sois gaie,
Quart. Ob.
Liese.(Den.)
or - dent - lich und schmuck und sau - ber aus, na? Herr
dre en ren - trant dans no - tre mé - tai - ri - e? Oui,
Liese. (lächelnd.)
(Denise.) (souriant.)
und das Aug' ver - gnügt und klar und hell, na! Herr
et je yeux te voir rire au plus vi - te! Oui,
Holz.

Peter.(Guillot.)
Vet - ter, ja! Kannst du nicht hei - ter sein und
mon cou - sin! Alors tu dois ê - tre con -
Peter.(Guillot.)
Ve - ter, ja! Nun, nun, so bin ich ja zu -
mon cou - sin! Je suis con - tent à la bonne
Quart. Ob. Fag.
la - chen, was brauch'st so trü - be, trü - be Mie - nen du zu
ten - te, Pour - quoi donc n'as - tu plus la mi - ne sou - ri -
frie - den. Doch wenn du im - mer weinst, so sind wir gleich ge -
heu - re, Mais je ne fâ - che - rai de - sor - mais, si ton
Fl. Ob. Kl. Fag.
Quart.
dim.
machen! Nun ja, nun ja, nun ja, nun ja, nun ja, nun ja! Was
ante, pour - quoi, pour - quoi, pour - quoi, pour - quoi, pour - quoi, pour - quoi? Que
schie - den. Nun ja, nun ja, nun ja, nun ja, nun ja! Was
pleu - re, si ton pleu - re, si ton pleu - re, pleu - re, pleu - re, car que
Holz.
dim.

(Liese *ab in die Scheune.*)

Peter. Marsch an die Arbeit!

Zweite Scene.

Peter *(allein. Sobald Liese fort ist, lacht er laut auf. Dann mit sehr sanftem Tone)* Ich bin doch eigentlich ein recht niederträchtiger Kerl — das arme Ding so hart anzufahren! Und ich mein's wahrhaftig doch garnicht böse mit ihr! Gott straf mich! Nein! Aber sie ist mal meine Muhme, noch dazu meine Pap — *(sich corrigirend)* Pap — Pupille nennt man das und ich bin ihre Behörde. Und da sie mir mal von Onkel Martin auf die Seele gebunden ist, so soll sie ihm und mir auch keine Schande machen! — Wenn ich mir's recht überlege, so ärgere ich mich, dass ich so isegrimmig, bärbeissig und schockdonnerwettrisch gegen sie bin. Sie ist halt doch nur 'ne arme elternlose Waise *(sehr weich)* wie ich selber: keinen Vater mehr, keine Mutter mehr — — ihre Mutter starb im Kindbette — und wenn Liese ein Jahr früher geboren wäre — ach — dann hätte sie gar keine Mutter gehabt. — Und wie treu sie meine Mutter bis zum letzten Athemzuge gepflegt hat. — Das werd' ich ihr nie vergessen! Nie! *(aufbrausend)* Aber wissen möcht ich, was ihr im Kopf rumgeht! — Und an wen sie neulich geschrieben hat. Geschrieben hat sie! Ich hab's gesehen, dass sie 'nen Brief auf's Postamt getragen hat. Und hernach hat sie mir's ins Gesicht abgestritten und ist dabei so roth geworden wie 'ne Tulpe. — Potz Zwiebel und Meerrettig! Da steckt was dahinter. Am Ende gar so'n Techtelmechtel von der letzten Kirmes! Gott straf' mich — das ist's! — Dem Pocken-Matthes sein Hans, der bei der Garde steht, der war hier auf Urlaub und mit dem hat sie dreimal rum Hackeschottisch getanzt. Wie konnte sich der Hans unterstehen, mit ihr zu tanzen und dabei obenein noch „Juch!" zu schreien? Wie kann sich Liese unterstehen, an den Menschen zu schreiben? Wie konnte ich so dumm sein und ihr den Brief nicht aus der Hand reissen? Schändlich mich so zu hintergehen! — *(sich vor den Kopf schlagend)* Peter, Peter! 's ist bei dir selber nicht ganz richtig. Am Ende hat sie garnicht an den Hans geschrieben. Am Ende liebt sie ihn doch nicht und vielleicht — — vielleicht — — na — man kann nicht wissen — wenn ich erst mein eigenes Vieh habe — — — Muss doch sehn, ob Liese bei der Arbeit ist! *(ab in die Scheune)*.

(Denise entre dans la grange.)

Guillot *Voyons, dépêche-toi.*

Scène 2me

Guillot (seul. Quand Denise est partie, Guillot se met à rire en regardant le public — Puis d'une voix très douce.)

J'ai l'air de Croquemitaine, n'est-ce pas? Quand je parle à cette jeunesse... c'est exprès... C'est pour de rire! je tâche de l'échigner à force de la faire travailler... C'est bon pour les filles ça... il n'y a rien qui les abrutit comme la fatigue! et ça les empêche de penser à mal.

Et cette-là, je serais si désolé de la voir mal tourner!.. Car enfin, c'est ma petite cousine, puisqu'elle est la nièce de mon oncle Mathurin; c'est comme mon enfant, puisqu'elle est orpheline... et que son oncle, le mien, le père Mathurin me l'a confiée quand il est parti pour Paris.. Jusqu'à présent je n'en avais jamais eu que de la satisfaction, quand il y a quinze jours en passant du côté de la poste, je la vois qui mettait une lettre dans la boîte. Je me dis tout de suite bien sûr; c'est à Grévin qu'elle écrit!... Il a dansé neuf rondes avec elle Dimanche soir, à l'assemblée, avant de retourner à son village. Ben sûr c'est à Grévin qu'elle écrit aussi je vous demande un peu pourquoi qu'on y a appris à écrire! est-ce qu'une fille devrait savoir de ces choses là? Mais ça c'était une lubie de notre oncle Mathurin. Il a tenu à ce que j'avions de l'instruction. Enfin v'là Denise qui rentre. J'étais furieux, je lui fais des misères... elle se met à pleurer, moi je ne sais pas résister à ses pleurs d'abord, mais n'importe, je prends mon courage à quatre mains et je lui dis bravement: Mademoiselle, vous avez écrit à Grévin... Elle me dit que non, je lui dis que si, et que j'ai vu la lettre! ah!.. Eh! ben! croiriez-vous que je n'ai jamais pu faire avouer à cette ostinée là qu'elle avait écrit à Grévin. Oh! c'est menteur, ces petites filles! — Et puis faut-il qu'elle soit godiche de se mettre à avoir des idées pour un gueux, comme ça? car c'est un gueux, Grévin, savez-vous? un vrai gueux, un plat gueux, pas autre chose qu'un gueux. Si, encore autre chose un enjoleux. Et je veux pas qu'elle soit malheureuse, moi, parce qu'enfin c'est une brave fille, et c'est elle qu'a soigné ma pauvre mère dans sa dernière maladie, pendant que j'étais garçon de ferme, à cinq lieues d'ici; et ces choses là ça ne s'oublie pas, aussi si jamais... je ne te dis que ça — Vois-tu Denise Voyons un peu si elle a fait ce que je lui ai dit... (Il entre dans la grange.)

Dritte Scene.

Anne Marie und Katharine *(Arm in Arm)*.

Anne Marie. Hast Recht: 's ist Nichts mit dem leidigen Wittwenstande!

Katharine. Und mit dem Heirathen ist's auch Nichts.

Anne Marie. I nu, wie man's nehmen will. Wenn man nur den Rechten kriegt.

Katharine. Ich dächt, du hätt'st an deinem ersten Manne genug gehabt.

Anne Marie. Das kann ich eben nicht sagen! So ohne Mann ist mir's zu still im Hause.

Katharine. Und ich möcht's gern so still behalten.

Anne Marie. Du denkst also nicht ans Heirathen?

Katharine. Je nun, denken denke ich wohl, aber 's ist halt schwer, Einen zu bekommen.

Anne Marie. Bekommen? Als ob so ein Mann ein Präsent wäre! Eine Last ist er, eine Bürde, ein Kreuz!

Katharine. Das du doch gewiss gern auf dich nehmen möchtest!

Anne Marie. Verbitte mir solche Anzüglichkeiten! Ich hab's nicht nöthig, wie gewisse Leute, den Männern nachzulaufen.

Katharine. Und ich hab nicht nöthig, wie gewisse Leute, die Fromme und Sanftmüthige zu spielen —

Anne Marie. Fängst du schon wieder an zu sticheln? Ich sage dir, Trine, ich werde doch früher einen Mann kriegen als du.

Katharine. Wirklich? Bist du deiner Sache auch gewiss? Ich brauche blos zu wählen! Der Franz, der Niklas, der Christopf, der Peter —

Anne Marie. Also der Peter auch? Sieh mal an! Auf den habe ich's just abgesehen.

Katharine. Weil er des reichen Martin Neffe ist? Na meinetwegen, den kannst du für dich behalten!

Anne Marie. Danke verbindlichst! Eine Liebe ist der andern werth! Behalte ihn für dich. Mir ist er zu arm.

Katharine. Und mir ist er zu tölpelhaft, zu groh.

Anne Marie. Und mir zu sanftmüthig, zu simpel.

Katharine. Er würde da anfangen, wo mein Seliger aufgehört hat.

Anne Marie. Ach so, du meinst von wegen — — *(macht die Bewegung des Prügelns)* — das wäre mir eben recht. Ich fürchte mich nicht —

Katharine. Aber ich — —

Scène 3me.

Quand Guillot est sorti, Catherine et Fanchette entrent bras dessus bras dessous, par le fond à gauche.

Fanchette. *Et alors donc vous me disiez?*

Catherine. *Je vous disais que je voudrais devenir une madame*

Fanchette. *Et moi donc! si je pouvais trouver un riche parti, pour me dédommager un peu de feu mon époux!...*

Catherine. *Tu l'aimais bien pourtant.*

Fanchette. *Sans doute, mais ce n'était qu'un paysan. Crois moi, ma chère, n'épouse jamais qu'un homme huppé.*

Catherine. *Oh! si un monsieur voulait de moi!...*

Fanchette. *C'est pas les amoureux qui nous manquent.*

Catherine. *Non, c'est l'argent qui manque aux amoureux?*

Fanchette. *Ainsi... il y a ce grand dadais de Guillot.*

Catherine. *Le neveu du père Mathurin.*

Fanchette. *Je suis sûr qu'il est amoureux de moi.*

Catherine. *Tiens, franchement, je croix plutôt que c'est de moi...*

Fanchette. *Pourtant, c'est bien à moi qu'il fait la cour!...*

Catherine. *A moi aussi, toujours! à preuve que l'autre matin, tandis que j'étions à l'abreuvoir, il m'a flanqué un grand coup de poing dans le dos, que j'ai manqué de dévaler dans l'eau... c'est ça une preuve d'amour.*

Fanchette. *Eh bien! et moi donc, l'autre soir à la veillée, comme j'allais pour m'asseoir, il m'a retiré ma chaise et je suis tombée sur... le plancher ah! qu'est-ce que tu dis de ça toi —*

Oh! après ça, va je n'y tiens pas si tu le veux, je te le cède...

Catherine. *Pas du tout, moi, je t'en fais cadeau.*

Fanchette. *Qu'est-ce que j'en ferais? Il n'a pas le sou!*

Catherine. *C'est bien pour ça que je ne l'encourage point.*

Fanchette. *Et puis, il est trop doux, on n'aurait pas de plaisir à le battre...*

Catherine. *Le fait est qu'il ne ressemble guère à mon premier mari qui hélas me?*

Fanchette. *Ah! bah! Est-ce que?...*

N° 2. Couplets.

Allegro vivace.
Katharine.
(Catherine.)
Anne Marie.
(Fanchette.)
Allegro vivace.
Tutti.
Viol.
PIANO.
1. Mein sel'-ger Mann, der zum Zorn sehr ge-neigt,
1. Mon cher ma-ri quel-que fois s'em-por-tait,
2. Ich war von je-her zum Zorn sehr ge-neigt,
2. Soir et ma-tin c'est mon qui m'em-por-tais,
Br. Vell.
ach, und hat manchmal den Stock mir ge-zeigt!
il me bat-tait, me bat-tait, me bat-tait!
Mein sel'-ger Mann, der zum
Mon cher ma-ri quel-que
hab mei-nem Mann oft den Knit-tel ge-zeigt!
je le bat-tais, le bat-tais, le bat-tais!
Ich war von je-her zum
Mais à mon tour plus-tard
Holz.
Tutti.
Br. Vell.

Zorn sehr ge - neigt, ach, und hat manchmal den Stock mir ge - zeigt!
fois s'em - por - tait, il me bat - tait, me bat - tait, me bat - tait!
Zorn sehr ge - neigt, hab' mei - nem Mann oft den Knit - tel ge - zeigt!
je m'em - por - tais, je le bat - tais, le bat - tais, le bat - tais!
Holz
Tutti.
Ich weint' und schrie, ja ich wein - te und schrie, und Tag und Nacht kam zur
moi je pleu - rais, je pleu - rais, je pleu - rais! Et jour et nuit hé - las!
Er bat und zit - ter - te, fleh - te und schrie, doch Tag und Nacht kam zur
Il sup - pli - ait, il trem - blait, il ju - rait! Et jour et nuit à mes
1. Viol.
Fag.
Ru - he ich nie. Wenn er mich wei - nen sah;
je sou - pi - rais. Voy - ant mes pleurs cou - ler
Ru - he ihm nie. Wenn ich ihn zärt - lich sah: nicht
pieds sou - pi - rait. En - vain pour m'a - pai - ser
Fl. Kl. Ob. Hörn.
Quart.

nicht konnt' ihn das er - wei - chen, er lach - te
dans sa rage in - hu - mai - ne loin de
konnt' es mich er - wei - chen, nicht zum Ver -
il de - ve - nait plus ten - dre, je gar -
mei - ner Pein der Wüth - rich oh - ne Glei - chen, da half
ne conso - ler, il ri - ait de ma pei - ne, il ri -
söh - nungs - kuss mocht' ich die Wange ihm rei - chen, da half
dais le bai - ser qu'il eût cou - lu me pren - dre, il ju -
Viol.
nichts, da half nichts! Ach!
ait, il ri - ait! Ah!
cresc.
nichts, da half nichts! Ach!
rait, il trem - blait! Ah!
cresc.
cresc.

Da half kein Klagen, Klagen, Klagen,
Et plus je pleurais, pleurais, pleurais.
Da half kein Klagen, Klagen, Klagen,
Et plus il priait, priait, priait.
Fl.
Fl. Kl.
p
Quart.
ich ward ge-schlagen, schlagen, schlagen. Da half kein Klagen, Klagen,
plus il me battait, battait, battait! Et plus je pleurais, pleurais,
er ward ge-schlagen, schlagen, schlagen. Da half kein Klagen, Klagen.
plus je le battais, battais, battais! Et plus il pleurait, pleurait,
Viol.
Fl. Kl.
Klagen, ich ward ge-schlagen, schlagen, schlagen, selbst nicht durch Thrä-nen war
pleurais, plus il me battait, battait, battait! Voy-ant mes pleurs cou-ler,
Klagen, er ward ge-schlagen, schlagen, schlagen, selbst nicht durch Thrä-nen war
pleurait, plus je le battais, battais, battais! En-vain pour m'ap-pai-ser,

er zu er - wei - chen, ach! ach, ach,
dans sa rage in_humaine, ah! ah! ah!
ich zu er - wei - chen, ach! ach, ach,
il de - re - nait ten_dre, ah! ah! ah!
Fl. 1. Kl.
Ob. 2. Kl. Fag. Horn.
Quart.
ach! er war ein Wüth - rich oh - ne Glei - chen,
ah! Loin de me con_so_ler il ri_ait de ma pei_ne,
ach! wollte zum Kuss ihm die Wan - ge nicht rei - chen,
ah! Je gar_dais le bai_ser qu'il vût cou _ la prendre,
ach, ach, ach, ach, ach, ach,
ah! ah! ah! ah! ah! ah!
ach, ach, ach, ach, ach, ach,
ah! ah! ah! ah! ah! ah!
Ob. 2. Kl. Fag. Horn.
Quart.
cresc.
ach!
ah!
cresc.
ach!
ah!
Tutti.
cresc.

Anne Marie *nach Katharina's Strophe (gesprochen)* Nun bei uns passirte gerade das Gegentheil.
Fanchette après le Couplet de Catherine (parlé) *Ah bien, chez nous c'est tout le contraire.*

Vierte Scene.

Die Vorigen. Liese.

Liese. Habt Ihr vielleicht Herrn Peter gesehn? Ich such ihn im ganzen Hause und kann ihn nicht finden.

Anne Marie. Was geht uns Euer Peter oder Herr Peter an?

Liese. Ich dacht' er wäre heut schon bei Einer von Euch vorbeigegangen.

Katharine. Gehen Viele bei uns vorbei und noch ganz andere Leute und kümmern uns doch nicht!

Liese. Na, seid nur nicht böse! Ich wusst', wenn Peter nichts zu thun hat, plaudert er gern mit Euch. Und da dacht' ich, Ihr konntet mir Bescheid sagen.

Anne Marie. Hat's denn solche Eile?

Liese. Gewiss: Es ist ein Brief angekommen, den der Postbote selbst abgeben muss, denn, sagte er, 's steht drauf „Recommandirt," sagt er, und da muss der Herr Vetter einen Zettel drüber unterschreiben.

Anne Marie. Von wem ist denn der Brief?

Katharine. Woher kommt er denn?

Liese *(kurz).* Wollt Ihr mir nicht sagen, wo Herr Vetter ist, braucht Ihr auch nicht zu wissen, wo der Brief her ist!

Anne Marie. Ich sah Peter vorhin in die Scheune gehen! Nun sage aber —

Liese. Danke schönstens! *(für sich.)* Ach wenn Onkel Martin dem Vetter verrathen hätte, was in meinem Briefe steht — ich schämte mich todt!

Katharine. Nun von wem ist der Brief?

Liese. Von einer sehr hohen Person in einer sehr wichtigen Sache! *(ab in die Scheune.)*

Anne Marie. Ich glaube gar, die dumme Liese will uns hänseln.

Scène 4me

Guillot. (Sortant de la grange tenant un broc de vin.)
Mais où diable peut-elle être, cette enragée là... je vous le demande... la v'là encore sortie... C'est égal, il est bon le petit vin du père Mathurin, il se laisse boire...

Catherine. *Tiens quand on parle du soleil... bonjour Guillot!..*

Guillot. *Bonjour, Catherine, bonjour, Fanchette..*

Fanchette. *Qu'est-ce que vous avez donc, Guillot?* (bas à Catherine) *Il a l'air plus bête que le coutume.* (Elles rient.)

Guillot (riant à part). *C'est gai, les jeunesses.*

Catherine. *C'est l'effet du vin.*

Guillot. *Le vin? oh! non c'est l'inquiétude.* (Il pose son broc sur la table.)

Fanchette. *Et de quoi donc.*

Guillot. *V'là plus de quinze jours que j'ai écrit à mon oncle Mathurin pour lui demander.. Et je ne vois pas arriver sa réponse...* (Il passe entre les deux femmes)

Fanchette. *Dam! vous ne lui écrivez jamais que pour lui demander quelque chose...*

Guillot. *Oh!... ça... bien sûr que quand je lui écris, ce n'est pas pour lui faire des cadeaux!*

Catherine. *Lui en avez-vous soutiré de l'argent à ce pauvre homme.*

Guillot. *Pauvre! lui!...* (riant bêtement) *oh! oh! oh!...*

Fanchette (l'imitant en se moquant de lui). *Oh! oh! rit-il bêtement, ce gaillard là!...*

Guillot (à part). *C'est gai, les jeunesses!* (haut.) *mes pauvres chattes, mon oncle est plus riche a lui tout seul que tout le village reuni...*

Fanchette. *Il n'a pas de biens au soleil.*

Guillot *C'est vrai... mais il a des écus, ce qui vaut mieux... et il faut voire que son sac n'a pas de fond... car ce qu'il y a de sûr, c'est que jusqu'à présent, il ne m'en a jamais refusé.— Après ça, c'est tout naturel, il a de quoi, moi je n'ai rien, mais c'est égal! c'te fois, je ne sais pas s'il m'accordera...*

Catherine *Vous lui avez encore demandé quelque chose...*

Guillot. *Toujours... mais ce coup-ci, la demande est forte et je crains bien!*

Catherine. *S'il pouvait vous donner de l'esprit, mon garçon, ça serait un fameux cadeau!..*

Guillot. *Ah que vous êtes drôle, Catherine...*

Catherine. *C'est pas comme vous alors, car vous ne l'êtes guère.*

Guillot. *C'est gai, les jeunesses!...*

Fünfte Scene.

Vorige *ohne Liese.* Peter.

Peter *(aus der Scheune kommend, sich linkisch verbeugend).* Morgen, Frau Käte, Morgen, Frau Anne! Gebt mir schon so früh die Ehre?

Anne Marie *(lachend).* Euch? Na, das fehlte noch!

Peter. Warum nicht? Bin ich zu verachten? Hab' ich nicht mein Brod, Futter, Ochsen und Verstand wie die andern Bauern?

Katharine *(lachend).* Also Verstand habt ihr auch?

Peter. Bin ich nicht ein strammer, pfiffiger Kerl? Habe ich nicht hohe Konvexionen? Habe ich nicht *(den Brief emporhaltend)* eben einen accomodirten Brief aus der Stadt bekommen?

Anne Marie. Einen incommodirten Brief? Von wem denn?

Peter *(sie verschmitzt ansehend und um die Taille fassend mit dummem Lachen).* Ja von wem denn? Das möchtet Ihr wohl gern wissen?

Katharine. Wird was Rechtes drin stehen! *(für sich)* Nein, ist das ein Tölpel!

Peter *(wie oben zu Anne Marie).* Ja, wird was Rechtes drin stehen! *(Beide rechts und links umfassend.)* Was gebt Ihr mir, wenn ich's Euch zeige!

Anne Marie, Katharine *(gleichzeitig sich losmachend, geben ihm einen leisen Backenstreich).* Das da!

Peter. Schmeckst Du prächtig! *(für sich)* Sind doch ein paar sapperlotsche Frauenzimmer! Möcht sie noch eine Stunde so zappeln lassen, denn neugierig sind sie wie die Laubfrösche. Wenn ich nur selber schon wüsste, was im Briefe steht. Aber ich hab' ordentlich Angst, ihn aufzumachen.

Anne Marie. Ihr wollt's also nicht sagen?

Peter. Nâ seht, Ihr könnt ja nicht länger aushalten! Ich hab an meinen reichen Onkel Martin geschrieben, dass ich mich zum Heirathen einrichten will und da sollt er mir Geld schicken, dass ich mich vergrössern konne. Und hier in diesem Schreiben muss es nun stehen, was ich für meine zukünftige Frau bekomme.

Scène 5me

Les mêmes, Denise.

Denise (accourant). *Mon cousin... mon cousin...*

Guillot (durement). *Ah! te v'la. D'où que tu viens encore? qu'est-ce que tu veux? Voyons, parleras-tu?*

Denise. *Comme je passais du côté de la poste...*

Guillot. *Du côté de la poste? Tu y passes ben souvent, du côté de la poste! qu'est-ce que tu y allais faire?*

Denise. *Dam, mon cousin...*

Guillot. *Hum! mauvaise herbe! après! voyons!*

Denise. *Eh bien! il y a l'homme qui m'a appelée pour me remettre une lettre...*

Guillot. *De Grevin, je parie!..*

Denise. *Non, mon cousin...*

Guillot. *Ah!.. petite menteuse! Ous qu'elle est cette lettre, je veux la voir!*

Denise. *La v'la, mon cousin, je vous l'apporte.. elle est pour vous...*

Guillot (prenant la lettre). *Pour moi? ah!.. c'est différent!..*

Fanchette. *C'est de votre oncle, peut-être?..*

Guillot (ému) *Oui, ça vient de Paris...*

Denise (à part). *De mon oncle Mathurin! oh mon Dieu! il lui écrit à lui aussi... pourvu qu'il ne lui dise pas... sauvons nous!*

(elle entre dans la grange.)

Nº 3. Trio.

Allegro.
Anne Marie.
(Fanchette.)
Wie, Pe - ter, wie? Ihr lest
Eh bien, Guil - lot, Quoi vous
Kl. Hörn. Tr.
Quart.
Fl. Ob. Kl.
PIANO.
Quart. (pizz.)
Kath. (Cath.)
im - mer noch nicht? Was steht ihr da
ne li - sez pas! Mais, d'où vient donc,
Quart.
Peter. (für sich.)
(Guillot) (à part.)
mit so ver - legnem Ge - sicht? Nicht wag' ich's!
d'où vient donc tant d'em - bar - ras? Je n'o - se!..
Fl. Ob. Kl.
Quart. (arco)
Quart.
Wenn in die - sen Zei - len, an - statt Ge - wäh - rung
Si dans cet - te let - tre, pour le con - se - te -
Fl. Kl.
Viol.
Quart.

mir der Bit - te zu er - thei - len, der
Bässe. Viol. Bässe.
On - kel ver - wei - gert, was ich bat, was ich bat.
lais ren - con - trer un re - fus, un re - fus!
Quart. Tutti.
Anne Marie. (Fanch.) Kath. (Cath.)
Ue - ber - zeu - ge dich doch! Ue - ber - zeu - ge dich
Quart. Fl. Ob.
Bässe.
Anne Marie. (Fanch.) Kath. (Cath.)
doch! End - lich fin - det sich Rath! End - lich
Vous ne trem - ble - rez plus! Vous ne
Tutti. Quart. Fl. Ob.
Bässe.
Peter. (Guillot.)
fin - det sich Rath! So sei's! So
trem - ble - rez plus! Tutti. C'est juste! C'est
Quart.

(er öffnet den Brief und liest.)
(il ouvre la lettre et lit.)
sei's! Lasst sehn!
juste! Ou-vrons!
Quart. Fag. Horn
Fl. Ob. Kl. Horn.
Mein lie-ber
Mon cher ne-
Quart.
Sohn! das macht mich mu-thig, das macht mich mu-thig! da-nach ver-muth' ich Ge-
veu, ah! quel le chan-ce! ah quel-le chan-ce! ce-la com-mence comme
Viol. Fl. Ob.
wäh-rung schon!
un a-veu!
Holz. Hörn.
Quart. (pizz.)
Bässe.
(lesend.)
(lisant.)
Mein lie-ber Sohn in dei-nem letz-ten
Mon cher ne-veu, dans ta let-tre der-
Quart. (arco)

cresc.
Schrei - ben verlang - test du...
nir - re la me de - man - des...
Quart.
Holz. Hörn.
cresc.
Anne Marie. (Fanch.)
Kathar. (Cather.)
Was denn?
Quoi donc?
Peter (Guillot.)
Gott! Da steht es klar! Mein Gön - ner wird er
Dieu! Que vois - je là? Ah! c'est mon se - cond
blei - ben! Mehr als ich bat, ge - währt er mir gar.
pè - re! il m'ac - corde en - co - re ce - la!
Quart. Fag.
Kath. (Cath.)
Sprich, was
Mais quoi
Anne Marie. (Fanch.)
Sprich, was ist's?
Mais quoi donc?
Kath. (Cath.)
ist's? sprich, was ist's?
donc? Mais quoi donc?
Peter. (Guillot.)
Lies du!
Te - nez!
Quart.

2
Auch du! Nein le - set nicht!
Li - sez! Ou plu - tôt non!
2
Hört mir zu!
E - cou - tez!
Quart.
Holz. Blech.
Fag. Hörn. Tromp.
Quart.(pizz.)
(lesend.)
(il lit.)
So oft du bit - tend bist ge - kom - men, gab ich dir
A tes de - sirs tou - jours do - ci - le, je t'ai sou
Bässe.
stets, heut' zum Er - satz für eit - les Gold, das
rent don - né de l'or, ta de - man - de se -
Holz. Blech.
Quart.
dir nur we - nig wür - de from - men, da - mit in An - spruch
rait de - sor - mais i - nu - ti - le, Et pour qu'a ta - re -
Bässe.

ich nicht für-der werd' ge-nom-men, geb' ich dir. merk' es
nir tu me lais-ses tran-quil-le, je te donne en ce
Anne Marie. (Fanch.)
Nun, was giebt er?
Il vous don-ne
Kath. (Cath.)
Nun, was giebt er?
Il vous don-ne
Peter. (Guillot.)
wohl, ei-nen Schatz!
jour un tré-sor!
Viol. Br. (arco)
Bässe.
Anne Marie. (Fanch.)
Kath. (Cath.)
Peter. (Guillot.)
Ei-nen Schatz! Ei-nen Schatz! Welch ein herr-lich Glück! Wer
Un tré-sor! Un tré-sor! Je ne chan-ge-rai pas mon
1. Viol.
2. Viol. Br. Vell. K.-B.
hat's so gut wie ich auf der gan-zen Er-de!
sort con-tre ce-lui du sei-gneur du vil-la-ge!
1. Viol. Holz.

poco ritenuto
Und die Frau, die ich wählen werde, sie theilt mein
Et ma femme, je m'y engage, sera comme
Glück, und nicht beneiden wird sie der Fürstin
une Reine heureuse, heureuse et plus en
Anne Marie. (Fanch.)
Platz.
cor!
Ach, ein Schatz!
Un tré_sor!
Quart.
Kath. (Cath.)
Ach, ein Schatz!
Un tré_sor!
Anne Marie. (Fanch.)
Ach ein Schatz, da ist er fürwahr wie ein Kö_nig so
Un tré_sor, le voi_là, ma foi, en ce jour plus heu_
Fag. Hörn.
Quart.

Anne Marie.(Fanch.)
glück - lich gar, ja er ist wie ein Kö -
reux qu'un roi, un tré - sor plus heu - reux
Kathar. (Cather.)
Ach ein Schatz, da ist er für - wahr wie ein Kö -
Un tré - sor, le voi - là, ma foi en ce jour
Ob. Kl.
nig glück - lich gar; ja er ist wie ein
qu'un roi! qu'un roi! un tré - sor, le voi -
nig so glück - lich gar, ja er ist wie - ein
plus heu - reux qu'un roi! un tré - sor plus - heu -
Peter.(Guillot.)
Ach ein Schatz, da bin ich für - wahr wie ein
Un tré - sor me voi - là, ma foi, en ce
Fl. Kl.
Kö - nig so glück - lich gar. Ach könnt' ich ihn doch
là plus heu - reux qu'un roi! Ah! que ne suis - je
Kö - nig glück - lich gar. Ach könnt' ich ihn doch
reux qu'un roi! Ah! que ne suis - je
Kö - nig so glück - lich gar. Wie freut mich, kaun
jour plus heu - reux qu'un roi! Ah! que je sens
Tutti.

On - kel nen - nen, ihn, der Schät - ze so ver - schenkt, viel - leicht
la ni - è - ce de ce don - neur de tré - sor, peut - ê -
ich be - ken - nen, die - ser Schatz, den er mir schenkt, ei - nen Schatz, ei - nen
de ten - dres - se pour ce pré - ci - eux tré - sor, un tré - sor, un tré -
sollt' er mich erst ken - nen, er noch bes - ser mich be - denkt, ach!
tre que sa ten - dres - se Eut sur moi fait pleu - voir l'or! ah!
Schatz mein zu nen - nen, mein zu nen - nen, mein,
sor, je pré - fè - re ma ri - ches - se à
string.
Ach ein
Un tré -
nim - mer hätt' ich das ge - dacht! Ach ein
tou - tes les mi - nes d'or! Un tré -
Tutti.

Schatz, da ist er für_wahr wie ein Kö_nig so glück_lich gar.
sor le roi_là, ma foi, __ plus heu_reux, plus heu_reux qu'un roi!
Schatz, da bin ich für_wahr wie ein Kö_nig so glück_lich gar,
sor me roi_là, ma foi, plus heu_reux, plus heu_reux qu'un roi!
ach! Ach ein
ah! Un tré_
wie ein Kö_nig so glück_lich gar! Ach ein
Oui, plus heu_reux, Oui, plus heu_reux! Un tré_
Schatz, er ist wie ein Kö_nig so glück_lich gar, ja so glück_
sor le roi_là, ma foi, plus heu_reux qu'un roi, plus heu_reux
Schatz, ich bin wie ein Kö_nig so glück_lich gar, ja so glück_
sor me roi_là, ma foi, plus heu_reux qu'un roi, plus heu_reux

lich gar, ja so glück - lich gar, ja
qu'un roi, plus heu_reux qu'un roi, plus
lich gar, ja so glück - lich gar, ja
qu'un roi, plus heu_reux qu'un roi, plus
8
so glück - - lich gar!
heu - reux qu'un roi!
so glück - - lich gar!
heu - reux qu'un roi!
8

Peter. Der liebe gute Onkel. Einen Schatz_ sollte man's glauben?

Anne Marie. Einen Schatz. Der Junge sieht wirklich nicht so dumm als es schien.

Katharine. Der gute Peter, einen Schatz_ er gefällt mir, der brave Peter.

Anne Marie. Er sieht gut aus.

Katharine. Er hat einen allerliebsten Zug um die Nase.

Peter. Nun aber kann ich ja nach Belieben eine Frau nehmen.

Anne Marie. Richtig meine Meinung.

Katharine. Wer reich ist, hat die Wahl.

Anne Marie. Sieh mich an.

Katharine. Mich sieh an.

Peter. Halt! kann ich wohl meinen Brief zu Ende lesen? Ich muss doch wissen, wo ich den Schatz zu holen habe *(liest):* Unter der grossen Eiche, vor der Scheune, heute Abend mit dem Vesperläuten *(er sieht, dass die beiden Frauen in den Brief schielen).* Sind Sie neugierig! Der liebe Schatz, jetzt will aber auch Onkel Martin's Gesundheit trinken._ Ha, Liese, Gläser!_

Anne Marie *(für sich).* Unter der grossen Eiche, wohl gemerkt.

Katharine *(für sich)* Heut Abend mit der Hacke _ Nun. Liese, Gläser!

Liese. Hier, Herr Vetter!

Guillot. *Ah! le cher oncle! un trésor! à moi_ un vrai trésor! c'est à ne pas y croire!.*

Fanchette. *Un trésor!.. vraiment ce garçon n'a pas l'air si bête qu'on le croirait d'abord.*

Catherine. *Un trésor!... Quand on le considère, ce brave Guillot, il n'est vraiment pas si laid...*

Fanchette. *Il a les yeux vifs.*

Catherine. *Il a quelque chose dans le nez...*

Guillot. *Mais, alors, je vais pouvoir me marier comme je l'entends.*

Fanchette. *C'est ce que j'allais vous dire...*

Catherine. *Quand on est riche, n'est-ce pas on choisit.*

Guillot. *C'est bien mon avis et mon choix ne sera pas long.*

Fanchette. *Si on aime une blonde, on prend une blonde...*

Catherine. *Si on préfère les brunes, on prend une brune.*

Guillot. *Vous ne me laissez pas finir ma lettre. Il faut pourtant bien que je sache où il est, ce trésor...* (lisant) *'Sous le gros arbre, devant la porte, ce soir quand sonnera l'angelus* (voyant les deux femmes qui le guettent) *Eh bien, sont elles curieuses donc!.. ah! le cher trésor et maintenant je veux boire à la santé de l'oncle Mathurin et vous aussi vous boirez et vous aussi. Eh! Denise des verres.*

Fanchette (à part). *Sous le gros arbre... on y sera!...*

Catherine (à part). *Quand l'angelus sonnera... on y sera.*

Guillot (à part). *Ce soir ici avec ma bêche...* (haut) *eh ben, Denise! des verres?*

Denise (entrant). *Voila, mon cousin.*

Sechste Scene.

Die Vorigen. Liese *(mit Gläsern).*

Katharine. Lass mich einschenken.

Anne Marie. Nein, mir die Flasche.

Katharine. Ich gehe vor.

Peter. Halt, halt! Kein Streit, Liese schenkt ein, Liese!

Scène 6me.

Les mêmes, Denise apportant 3 gobelets.

Fanchette et Catherine. *Donne, c'est moi qui verserai.*

Fanchette. *C'est moi!*

Catherine. *C'est moi!*

Guillot. *Allons! allons, ne nous disputons pas* *(tendant son verre à Denise) Verse, Denise!*

Nº 4. Chanson à boire.

Anne Marie. (Fanch.)
Wollt' Gott das Trin_ken uns ver_weh_ren, liess wach_sen
Kathar. (Cather.)
Liese. (Denise.)
Si Dieu nous dé_fen_dait de boi_re, Au_rait_il
1. Trin_ken sich an.
j'aime à m'as_seoir.
2. fröh_li_chen Muth.
suis un lu_ron.
3. hei_ter und frei.
suis près que un Dieu.
Wollt' Gott das Trin_ken uns ver_weh_ren, liess wach_sen
pp
er den goldnen Wein? Nein! Drum lasst uns froh den Be_cher leeren, verscheucht die
fait le vin si bon? non! Si l'on nous pousse à l'humeur noi_re, le vin dis_
er den goldnen Wein? Nein! Drum lasst uns froh den Be_cher leeren, verscheucht die
Tutti
Quart.
ff
Sorg', die Lust ist nah', ja! Stosset an, stosset an, sto_sset an, sto_sset an,
p grazioso
Al_lons donc, al_lons donc,
si_pe notre en_nui, oui! al_lons donc, al_lons donc,
Sorg', die Lust ist nah', ja!
Tutti. 1. Viol. (pizz.)
2. Viol. (pizz.)

sto_sset an, sto_sset an, sto_sset an, sto_sset an, sto_sset an, sto_sset an! Wollt'
al_lons donc, al_lons donc, al_lons donc, al_lons donc, al_lons donc, bu_vons donc! Si
sto_sset an, sto_sset an, sto_sset an, sto_sset an! Wollt
Holz. Hörn.
Br. (pizz.)
Vell. (pizz.)
leggiero
Quart.
Gott das Trin_ken uns ver_weh_ren, sto_sset an, sto_sset an, liess
Dieu nous dé_fen_dait de boi_re, al_lons donc, al_lons donc, au_
Gott das Trin_ken uns ver_weh_ren, sto_sset an, sto_sset an, liess
wachsen er den gold_nen Wein? Woll_te Gott uns das Trin_ken weh_ren, liess
rait-il fait le vin si bon! Si Dieu nous dé_fen_dait de boi_re, au
wachsen er den gold_nen Wein? Woll_te Gott uns das Trin_ken weh_ren, liess
Quart. (arco) Holz.

dim.
wachsen er den goldnen Wein? Nein, nein, nein, nein, nein, nein, nein, nein, nein, nein, nein, nein,
rait-il fait le vin si bon! Non, non, non, non, non, non, non, non,
wachsen er den goldnen Wein? Nein, nein, nein, nein, nein, nein, nein, nein, nein, nein, nein, nein,
Tutti
f
pp
nein, nein, nein, nein, nein, nein, nein, nein, nein, nein!
non, non, non, non, non, non, non, non, non, non!
nein, nein, nein, nein, nein, nein, nein, nein, nein, nein!

Peter *(etwas im Rausch, lallend).* Einen Scha_atz! _ Vesperläuten _ Eichbaum _ Gläserklingen _ einen Schatz! _ Ach du mein herztausiger Schatz _ tausiger Schatz _ *(umarmt und küsst Katharine.)* Schönster Schatz! Und Du mein Schatz, bleibst hier? *(küsst Anne Marie)* Schönster Schatz, nun, lebe wohl!

Liese. Da geht er hin und singt nicht mehr! Und mich hat er nicht einmal geküsst. Ach, und ich hab ihn doch so lieb, so lieb! Er aber ist gegen mich so unfreundlich, so hart und grausam! Wie soll es mit mir Armen werden, wenn er einmal gar eine Frau in sein Haus nimmt! Ach, ich wage gar nicht daran zu denken.

(Traurig ab in's Haus.)

Siebente Scene.

Anne Marie, Katharine.

Katharine. Ach, Du lässt Dir den Kuss so ohne weiter gefallen?

Anne Marie. So also auf die Weise wehrst Du Dich?

Katharine. Er gefällt Dir wohl, seit er reich ist?

Anne Marie. Der Schatz sticht Dir in die Nase, das sieht man.

Katharine. Von Dir ist die Rede.

Anne Marie. Nein _

Katharine. Ja _ ja!

Anne Marie. Nein, sage ich. O, das durchschaut man!

Katharine. Eben noch schien èr dir so einfältig.

Anne Marie. Das habe ich nicht gesagt, Du meintest _

Katharine. Ich? Ei sieh doch, Du wagst

Anne Marie. Nein, Du!

Zusammen. Du, nein, ja!

Guillot (un peu gris.) *Eh bien qu'est-ce que vous dites de ma chanson? _ Et mon vin comment le trouvez-vous? Ah! ah! ah! je crois que j'en ai trop bu! faut que j'aille faire quelques courses dans le village.*

Adieu, Fanchette! (il l'embrasse.) *Je ne te dis que ça... ah! ah! adieu, Catherine!* (il l'embrasse.) *Je ne te dis que ça...ah! ah!* (il sort.)

Denise. *Il s'en va sans m'embrasser.*

(Elle rentre tristement dans la maison.)

Scène 7me.

Catherine, Fanchette.

Catherine. *Ah! vous vous laissez embrasser comme ça, vous?*

Fanchette. *Ah! c'est comme ça que vous vous défendez-vous?*

Catherine. *Il parait vous en tenez pour Guillot depuis qu'il est riche!*

Fanchette. *On voit bien que son magot vous donne dans l'œil!*

Catherine. *Parlez pour vous!*

Fanchette. *Mais non!*

Catherine. *Mais non!*

Fanchette. *Mais non! c'est y pas vous que me disiez tout à l'heure que vous voudriez être une madame!*

Catherine. *Et vous donc qui demandiez un homme huppé!*

Fanchette. *Comme si on ne lisait point dans votre jeu!*

Catherine. *Comme si je ne devinais point que c'est le trésor qui vous tente!*

Fanchette. *Vous trouviez Guillot.*

Catherine. *C'est vous!*

Fanchette. *C'est vous!*

Catherine. *Mais non!*

Fanchette. *Mais si!*

Catherine. *Mais non!*

Toutes deux. *Ah! Ah!*

Nº 5. Duett.

Allegro assai.
Anne Marie. (Fanchette.)
Katharine. (Catherine.)
PIANO.
Ach die bö_se,
Ah! la fi_ne,
Allegro assai..
Quart. Holz.
f
Quart.
p
bö_se Sie_ben, seht nur wie ge - rie - ben! Ach die bö_se, bö_se Sie_ben
fi_ne mouche, la sain_te ni tou - che, ah la fi_ne, fi_ne mou_che
Holz. Blech.
f p
Quart.
thut so unschulds_voll!
Ach die bö_se, bö_se Sie_ben, seht nur wie ge_
quel air in_no_cent!
Ah! la fi_ne, fi_ne mouche, la sain_te ni
Holz. Blech.
f p
Quart.

rie - ben, ach die bö - se, bö - se Sie - ben, thut so un schulds - voll!
tou - che, ah! la fi - ne, fi - ne mou - che, quel air in - no - cent!
Holz. Blech.
Quart.
Holz. Blech.
Kaum kann ich mich wah - ren, auf sie los - zu - fah - ren. kaum
Je me tiens à qua - tre pour ne pas la bat - tre, je
Tutti.
Ob. Kl.
Quart.
Tutti
- kann ich mich wahren, auf sie los - zu - fah - ren, kaum kann ich mich wah - ren,
- me tiens à qua - tre pour ne pas la battre, je me tiens à qua - tre
Ob. Kl.
Quart.

auf sie los-zu-fah-ren! Ha, das ist zu toll, sie treibt's zu toll, sie treibt's zu
pour ne pas la bat-tre, ah, c'est ir-ri-tant, c'est a-ga-çant, c'est a-ga-
Fl. Kl.
toll! Kaum kann ich mich wah-ren, auf sie los-zu-fah-ren,
cant! Je me tiens à qua-tre pour ne pas la bat-tre,
toll, das ist zu toll! Kaum kann ich mich wah-ren, auf sie los-zu-fah-ren.
çant, c'est ir-ri-tant! Je me tiens à qua-tre pour ne pas la bat-tre,
Viol.
ha! das ist zu toll, sie treibt's zu toll, sie treibt's zu toll, ja, das ist zu
ah! c'est ir-ri-tant, c'est a-ga-çant, c'est dé-plai-sant, oui, c'est ir-ri-
ha! das ist zu toll, sie treibt's zu toll, sie treibt's zu toll, das ist zu toll, das ist zu
ah! c'est ir-ri-tant, c'est a-ga-çant, c'est dé-plai-sant, c'est ir-ri-tant, c'est ir-ri-
Fl. Kl.

toll, sie treibts zu toll, sie treibts zu toll. ja, das ist zu toll, das ist zu
tant, c'est a - ga - çant, c'est dé - plai - sant,
toll, sie treibts zu toll, sie treibts zu toll, sie treibts zu toll, das ist zu toll, das ist zu
tant, c'est a - ga - çant, c'est dé - plai - sant, c'est ir - ri - tant, c'est ir - ri - tant, c'est a - ga -
toll, das ist zu toll!
çant, c'est dé - plai - sant!
toll, das ist zu toll! Küsst Pe - ter dich, du
çant, c'est dé - plai - sant! Quand Guil - lot vous a -
Viol.
2. Viol. Br.
1. Viol. Fl.
Kl. Fag.
Vell. K.-B.
Kathar. (Cather.)
Anne Marie. (Fanch.)
Schlan - ge, du reichst ihm gleich die Wan - ge. Du
ga - ce, vous lui ten - dez la fa - ce. Sil
1 Viol.
Bässe. Fag.
wehrst dich nicht mal, und reichst gleich ihm
vous prend dans ses bras, vous n'le
1. Viol. Fl.
Kl. Fag.

Kathar. (Cather.)
dei - nen Mund. Es wür - de dich nicht quä - - - - - - - - len, wollt'
trai - tez pas. Je vois bien que ma - da - - - - - - - - me vou -
Ob. Kl.
Fl.
1. Viol.
Bässe.
1. Viol.
er zur Frau dich wäh - - - - - -
drait re - nir sa fem - - - - - -
Anne-Marie. (Fanch.)
len. Ich seh's, er steht dir an,
me. Ma - dame au - rait l'es - prit
1. Viol.

du nimmst ihn gleich zum
de l'choi_sir pour ma_
Anne Marie.(Fanch.)
Mann.
Kathar. (spottend.)
(Cather.) (se moquant d'elle.)
1. Viol.
molto rit.
Ich seh's, er steht dir an, du nimmst ihn gleich zum Mann.
Ma_dame au_ra l'es_prit de l'choi_sir pour ma_ri.
Ich
Ma_
Tutti.
molto rit.

animato
cresc.
Ha! Ha!
Ah! ah!
sch's, er steht dir an, du nimmst ihn gleich zum Mann. Ha!
dame au_rait l'es_prit de l'choi_sir pour ma_ri. Ah!
animato
cresc.
Tempo I.
Ha ___ Ha, die bö_se, bö_se Sie_ben, seht nur wie ge_
ah! ___ ah! la fi_ne, fi_ne mouche, la sain_te ni
Ha ___ Ha, die bö_se, bö_se Sie_ben, seht nur wie ge_
ah! ___ ah! la fi_ne, fi_ne mouche, la sain_te ni_
Tempo I.
Quart
rie_ben, ha, die bö_se, bö_se Sie_ben thut so unschulds_
tou_che, ah! la fi_ne, fi_ne mou_che, quel air in_no_
Holz. Blech.
Quart.

voll! Ha, die bö_se, bö_se Sie_ben, seht nur wie ge_rie_ben,
Ah! la fi_ne, fi_ne mouche, la sain_te ni tou_che,
Holz. Blech.
Quart.
ha, die bö_se, bö_se Sie_ben thut so unschulds_voll! Kaum
ah! la fi_ne, fi_ne mouche, quel air in_no_cent! Je
Tutti.
Holz. Blech.
Quart.
kaum ich mich wah_ren, auf sie los_zu_fah_ren, kaum kaum ich mich
me tiens à quatre pour ne pas la bat_tre, je me tiens à
Ob. Kl.
Tutti.
Ob. Kl.
Quart.
Quart.

wah_ren, auf sie los_zu_fah_gen, kaum kann ich mich wah_ren, auf sie los_zu_
qua_tre pour ne pas la bat_tre, je me tiens à qua_tre pour ne pas la
fah_ren. ha! das ist zu toll, sie treibt's zu toll, sie treibt's zu toll!
bat_tre, ah! c'est ir_ri_tant, c'est a_ga_çant, c'est dé_plai_sant. das ist zu
c'est ir_ri_
Fl. Kl.
Kaum kann ich mich wah_ren, auf sie los_zu_fah_ren. ha! das ist zu
Je me tiens à qua_tre
toll! Kaum kann ich mich wah_ren,
tant! Je me tiens à qua_tre pour ne pas la bat_tre, ah! c'est ir_ri_
Viol.
Fl. Kl.

toll, sie treibt's zu toll, sie treibt's zu toll. ja, das ist zu toll, sie treibt's zu
tant, c'est a - ga-çant, c'est dé-plai-sant. oui, c'est ir - ri - tant, c'est a - ga -
toll, sie treibt's zu toll, sie treibt's zu toll, sie treibt's zu toll, das ist zu toll, sie treibt's zu
tant, c'est a - ga-çant, c'est dé-plai-sant, c'est ir - ri - tant, c'est ir - ri - tant, c'est a - ga -
toll, sie treibt's zu toll, ja, das ist zu toll, das ist zu
çant, c'est dé - plai - sant, oui, c'est ir - ri - tant, c'est a - ga -
toll, sie treibt's zu toll, sie treibt's zu toll, das ist zu toll, das ist zu
çant, c'est dé - plai - sant, c'est ir - ri - tant, c'est ir - ri - tant, c'est a - ga -
Allegro.
toll, das ist zu toll!
çant, c'est dé - plai - sant!
toll, das ist zu toll!
çant, c'est dé - plai - sant!
Tutti.
Allegro.

Kathar. (Cather.)
Brauchst dich nicht zu quä - len.
Vous au-rez beau di - re.
Kl. Fag.
Viol. Fl.
p 2. Viol. Br.
Bässe.
die er soll er-wäh - len. braucht ein schön Ge-
il faut pour l'sé-dui - re, de cer-tains at-
Viol. Fl.
sicht, und das hast du nicht.
Tutti.
Anne Marie. (Fanch.)
Al - le Müh ver-lo - ren. die von ihm er-
Viol. Fl.
2. Viol. Br.
Bässe.

ko - ren. ist mit Reiz be - gabt, den
plai - re. de cer - tains ap - pas qu
Viol. Fl.
Ihr doch nicht habt.
vous n'a - vez pas.
Kathar. (Cather.)
Hü - ten wird sich
Gail - lot n'est point
Tutti.
Quart.
Pe - ter, dei - ne List ver - steht er.
bê - te, la noc' n'est point fai - te.
Fl. Kl. Fag. Hörn.
Quart.
Fl. Kl. Fag. Hörn.
Anne Marie (Fanch.)
Ja, für die - ses Mal trifft er bess' - re
Et s'il a d'bons yeux il peut choi - sir
Fl. Kl. Fag. Hörn.
Quart.

Kath. (Cath.)
Wahl. Peter wird sich hü - ten.
Holz.
Fl. Kl. Fag. Hörn.
Quart.
dir da an - zu - bie - ten gleich heu - te Herz und Hand,
Holz. Hörn
Quart.
Bässe
Anne Marie (Fanch.)
Kath. (Cath.)
string.
der hat mehr Ver - stand. Gleich heu - te
Holz. Hörn.
Quart.
Herz und Hand, sein Herz, sei - ne Hand,
Tutti.

Quart.
pp
Animato.
Anne Marie. (Fanch.)
Wie sie wü - thet!
Ell' en - ra - ge!
Kath. (Cath.)
Animato.
1. Viol. Fl.
Ob. Kl.
Noch ein ein - zig Wort, und nichts dich länger hü - tet!
N'a-jout' plus un mot ou bien j'te dé - ri - sa - ge!
1. Viol.
Tutti.

Anne Marie.
(Fanch.)
Cath.
Nichts dich länger hü - tet.
bien ste dé-ri - sa - ge!
Anne Marie. (Katharinen einen Holzschuh an den Kopf werfend.)
(Fanch.) (jetant un sabot à la tête de Catherine.)
Reisst, reisst, reisst der Zorn mich fort!
Tiens, tiens, voi - là mon sa - bot!
1. Viol. Ob.
Fl. Kl.
Kath. (einen Holzschuh nach Anne Marie werfend.)
(Cath.) (jetant un sabot à Fanch.)
Anne Marie. (den andern
Fanch. (jetant l'autre
Reisst, reisst, reisst der Zorn mich fort! Reisst,
Tiens, tiens, voi - là mon sa - bot! Tiens,
Viol. Ob.
Schuh werfend.)
sabot.)
Kath. (den andern Schuh werfend.)
(Cath.) (jetant l'autre sabot.)
reisst, reisst der Zorn mich fort! Reisst, reisst,
tiens, voi - là mon sa - bot! Tiens, tiens,
Fl.
Anne Marie. (Fanch.)
Aug' und Haa - re hüt' und wah - re,
Kath. (Cath.)
reisst der Zorn mich fort!
voi - là mon sa - bot!
Quart. Holz. Hörn.

mei - ne Wuth - thut nicht gut.
Ah!
les che - veux et les yeux.
Ah!
Ah!
Viol. 2. Fl.
1. Fl.
Ah!
ah!
Ah!
ah!
Ah!
ah!
Ah!
ah!
Ah!
ah!
Ah!
ah!
Ah!
ah!
1. Fl.
Viol. 2. Fl.
1. Fl.
Quart. Holz.
Hörn.
Aug' und Haa
Quand on m'fa
Tutti.

re - i - wah - -
che moi, moi jur - - -
- - - re, mei - ne Wuth
les che-veux,
- - - che
thut nicht gut.
et les yeux,
thut nicht gut, thut nicht gut!
les che-veux et les yeux!
ff

Achte Scene.

Die Vorigen. Der Nachtwächter, Feldhüter *oder* Gerichtsdiener.

Nachtwächter. Halt, halt! zwei Weiber, die sich prügeln, zanken, streiten, das geht nicht in der friedlichen Gemeinde.
Katharine. Anne Marie. Ach _ der Wächter!
Katharine. Denkt Euch, Wächter _
Anne Marie. Wenn Ihr erfahrt _
Katharine. Dass Peter _
Anne Marie. Von seinem Onkel Martin _
Katharine. Einen Brief erhalten hat _
Anne Marie. Und in dem Briefe sagt _
Katharine. Unter dem grossen Eichbaum _
Anne Marie. Würde er heute Abend _
Katharine. Beim Vesperläuten _
Anne Marie. Finden, finden _
Nachtwächter. Finden. Was denn?
Katharine. Anne Marie. Still, man kommt _ Wächter, wir erzählen Euch Alles *(sie ziehen den Wächter fort, alle drei ab.)*

Scene 8me

Les mêmes Le garde-champêtre.

Le garde-champêtre. *Eh bien! eh bien! eh bien! 2 femmes qui se disputent, ça ne c'est jamais vu dans la commune.*
Catherine et Fanchette. *Le garde champêtre!*
Catherine (très vite) *Vous aurez, père Mathias.*
Fanchette. id. *Faut que je vous dise...*
Catherine. *Que Guillot...*
Fanchette. *A reçu de son oncle Mathurin...*
Catherine. *Une lettre qui lui apprend...*
Fanchette. *Que sous le gros arbre qui est là..*
Catherine. *Devant sa porte...*
Fanchette. *I trouvera ce soir...*
Catherine. *A l'heure de l'angélus...*
Le garde-champêtre. *Quoi?*
Catherine. et Fanchette. *Chut! on vient.*
Fanchette. *Venez avec nous, je vous dirai le reste.* (Elles entrainent le garde-champêtre et tous trois sortent par la droite au fond.)

Neunte Scene.

Liese *(allein von rechts, einen Brief in der Hand, den sie liest)*: „Ich errathe Deinen Kummer, meine kleine Liese! Du brauchst einen Mann." *(seufzt)* Einen Mann. „Ich werde für einen sorgen! Setz Dich unter den grossen Eichbaum vor Eurer Thür, und wenn die Vesper läutet" Ach der Onkel Martin spottet. Ich will ja keinen Mann, wenn nicht etwa _ aber nein. Katharina hat er gern, oder Anne Marie _ mich, das weiss ich zu gut, mich kann er nicht leiden. *(sich umschauend)* Es wird dunkel und die Vesperglocke schlägt schon an. Ich will mich doch unter den Baum setzen und abwarten, ob der Onkel Wort hält.
(Es wird dunkle Nacht, die Vesperglocke läutet.)

Scène 9me

Denise. (Seule. Elle tient une lettre à la main et lit.) *„Je sais d'où vient ton chagrin, ma chère Denise... C'est un mari qu'il te faut, un bon mari...* (soupirant.) *Un mari! „Je me charge de te l'envoyer _ Viens t'asseoir au pied du gros arbre qui est devant votre porte et quand l'angélus du soir sonnera... L'oncle Mathurin se moque de moi! Ce n'est pas un mari que je demande.... à moins que... mais non c'est Fanchette ou Catherine qu'il aime... moi je vois bien que je lui déplais _* (regardant autour d'elle) *Voici la nuit et la cloche de l'angélus va sonner, j'ai bien envie de m'asseoir au pied de l'arbre pour voir si l'oncle Mathurin tiendra sa promesse!..* (On entend sonner la cloche l'angélus _ nuit complète.)

№6. Quatuor de l'angélus.

rit.
Ja, ich hör' die Ves - per läu - ten, der Tag vollbracht, es kam die
Quart.
rit.
(sich umsehend.)
Nacht. Niemand hier, was soll's be - deu - ten? doch sei's und sacht
Fl. Kl.
Bläser.
Quart.
Liese. (Denise.)
rit.
(sie setzt sich auf die Bank.)
geb ich hier Acht, ja leis' und sacht geb' ich hier Acht.
Peter. (Guillot.)
Ja, ich hör' die
colla voce
Quart.
Der Tag vollbracht, es kam die Nacht.
Ves - per läu - ten, der Tag vollbracht, es kam die Nacht. Ja, ich hör' die
Bläser.

rit.
Der Tag voll_bracht, es kam die Nacht.
Le jour s'en_fuit, voi_ci la nuit.
Ves_per läu_ten, der Tag voll_bracht, es kam die Nacht.
las qui son_ne, le jour s'en_fuit, voi_ci la nuit.
1. Viol.
Ped.
Peter. (Guillot.)
Alles schläft Darum will ich schrei_ten
Tout dort. Je ne vois per_son_ne,
Fag. Hörn.
Quart.
ganz leis' und sacht, bis es voll_bracht, bis es voll_bracht,
ne di_sons rien, tout i_ra bien, tout i_ra bien,
2. Viol.
Anne Marie. (von der andern Seite kommend.)
(Fanch.) (arrivant d'un coté.)
Ja, ich hör' die Ves_per läu_ten,
Voi_ci l'an_gé_lus qui son_ne,
Peter. (Guillot.)
Kath. (Cath.) (von der andern Seite kommend.)
(arrivant de l'autre coté.)
Ja, ich hör' die
Voi_ci l'an_gé_
Fag. Hörn.
Quart.

Anne Marie.(Fanch.)
der Tag vollbracht, es kam die Nacht, lei - se, lei - se will - ich schrei - ten
le jour s'enfuit, voi - ci la nuit, ne di - sons rien à — per - son - ne,
Kath. (Cath.)
Ves - per läu - ten, der Tag vollbracht, es kam die Nacht, lei - se, lei - se
las — qui son - ne, le jour s'en - fuit, voi - ci la nuit, ah! ne di - sons
Liese. (Denise.)
Ja, die Glock' er - schallt!
Voi - ci l'an - gé - lus!
Peter. (Guillot.)
Ja, die Glock' er - schallt!
Voi - ci l'an - gé - lus!
Fl. Kl.
rit.
und mit Bedacht, bis es voll - bracht! Ah! bis es voll - bracht, ah!
é - cou - tons bien, tout i - ra bien, ah! tout i - ra bien, ah!
sacht, und mit Be - dacht! Ah! und mit Be - dacht, ah!
rien, tout i - ra bien, ah! tout i - ra bien, ah!
Nur leis' und sacht, ah! geb' ich hier Acht, ah!
E - cou - tons bien, ah! tout i - ra bien, ah!
ja nur leis' und sacht, bis es voll - bracht,
ah! tout i - ra bien, tout i - ra bien,

rit.
bis es voll-bracht.
tout i-ra bien.
rit.
geb'ich hier Acht!
tout i-ra bien.
rit.
bis es voll-bracht.
tout i-ra bien.
Wie ich mich immer stel-le,
Ah! com-me je suis las-se,
bis es voll-bracht.
tout i-ra bien.
Kl. Fag. Hörn.
Quart.
2. Viol. Br. Fag.
Anne Marie. (Fanch.) (ihre Laterne verbergend.) (cachant sa laterne.)
Er ist's, ich bleib' zur Stel-le.
C'est lui, gardons la pla-ce.
Kathar. (Cather.) (ihre Laterne verbergend.) (cachant sa laterne.)
Er ist's, ich bleib' zur Stel-le.
C'est lui, gardons la pla-ce.
Peter. (Guillot.)
Ich bin, ich bin zur Stel-le.
Voi-ci la bon-ne pla-ce.
Liese. (Denise.)
der
malgré
Liese. (Denise.)
(sie schläft ein.) (elle s'endort.)
Schlaf schliesst mir den Blick.
moi je m'en-dors.
Peter. (Guillot.)
Hier winkt der Schatz, wel-ches Glück!
C'est le nid au tré-sor.

Allegretto.
(er fängt an zu graben.)
(il commence à bêcher.)
Quart. Ob. Kl. Fag.
Potz Blitz! Ich muss hier ver-ge-bens mich pla-gen!
Cor-bleu! mor-bleu! j'ai beau creu-ser la ter-re.
1. Viol.
Quart. Bläser.
1. Viol.
O weh! Wohl ist es viel-
Hé-las! hé-las! je ne
leicht nicht der Platz!
rois rien en-cor.
Quart. Bläser.
(er hält an und trocknet sich die Stirne.)
(il s'arrête et s'essuie le front.)
Potz Blitz, ich muss hier ver-ge-bens mich pla-gen!
Cor-bleu! mor-bleu! j'ai beau creu-ser la ter-re.
1. Viol.
Quart. Bläser

Anne Marie.(Fanch.)
Nichts darf man sa - gen.
Sa - chons nous tai - re.
Kath.(Cath.)
Nichts darf man sa - gen.
Sa - chons nous tai - re
1. Viol.
Peter.(Guillot.)
Ver - damm - ter Schatz, wo mag er ste - cken?
Mau - dit tré - sor, où peut - il ê - tre?
Ha, dort viel - leicht werd'ich ihn ent - de - cken.
cher - chons en - cor, i - ci peut - ê - tre...
(sich dem Baume nähernd.)
(s'approchant de l'arbre.)
Viol. Br.
pp
rit.
Meno mosso.
Was seh' ich!
Que vois - je!
Quart. Ob. Kl. Fag.
f
p
Holz.

Kath. (Cath.)
Anne Marie (Fanch.)
Da liegt Liese. Ist's wahr? Ist's wahr?
C'est Denise. Comment? Comment?
Kath. (Cath.)
Anne Marie (Fanch.)
Ja, da liegt Liese. Für wahr, da liegt Liese.
Voilà Denise. Voilà Denise.
1. Viol.
Peter (Guillot.)
Anne Marie (Fanch.)
Still, sie schläft. Ja,
Elle dort. El
Vell.
Ob. Kl. Fag.
Peter (Guillot.)
sie schläft. An dem Platz.
le dort. Elle dort.
1. Viol.
Vell.
Kath. (Cath.)
Peter (Guillot.) rit.
An dem Platz. Und viel leicht
Elle dort. Et près d'el
Kl. Horn.
Viol. Br.
rit.

ne - ben ihr ist wohl gar je - ner Schatz.
le peut - être est ca - ché le tre - sor.
a tempo
Doch sie schläft
Mais la pauvre
a tempo
1. Viol. Fl.
p
so sanft und lei - - se, darf
en - fant re - po - - se, la
1. Viol.
ich das ar - - me Kind wohl we -
re - veil - ler he - las! je n'o -
1. Viol. Fl.
Liese. (träumend)
Denise. (rêvant.)
chen? Ach, Pe - ter! Mein
se. Gail - lot! Mon
1. Viol. 1. Fl.
1. Kl.

Liese.(Den.)
Vet - ter! Lie_ber Vet - ter!
bon Guil - lot! Mon bon Guil - lot!
(sich ü- (se pen-
Peter.(Guillot.)
Mein denkt im Traum sie hei_ter.
El - le me voit en rê - ve.
Anne Marie.(für sich.)
(Fanch.) (à part.)
Ich ver - ge - he!
Ah! j'en - ra - ge.
ber sie neigend.)
chant vers elle.)
Kath. (Cath.) (für sich.) (à part.)
Träum' wei - ter! Ich ver - ge - he! ich ver -
A - chè - ve! Ah! j'en - ra - ge. ah! j'en -
Holz. Hörn.
Quart.
Anne Marie(Fanch.)
Peter. (Guillot.) (den Brief bemerkend.) (apercevant la lettre.)
ge - he! Ich ver - ge - he! Ein Pa - pier! Hat's viel -
ra - ge. Ah! j'en - ra - ge. Mais quel est ce pa -
cresc.
leicht gar der Hans ge - schrie - ben? Es
pier, de Gré - vin peut - ê - tre? C'est

ist ein Bil - let - doux. Wart, du
quel - que bil - let doux, le gre -
Anne Marie. (Fanch.)
Peter (Guillot.)
Schelm! Lass doch se - hen! Hö - ren wir! Lass doch
dis... li - sons ci - te! E - cou - tons! Li - sons
1. Viol.
Kath. (Cath.)
(Peter nimmt das Blatt sachte aus Liesens Hand, und lies't beim Schein seiner Laterne.)
(Guillot tire doucement le papier des doigts de Denise et le parcourt à la lueur de la lanterne.)
se - hen! Hö - ren wir!
ci - te! E - cou - tons!
Tutti.
Allegretto.
Gott, was hab' ich ge - le - sen? Es ist ein Brief, den On - kel Mar - tin
Ciel! que viens je de li - re? c'est un bil - let de l'on - cle Ma - thu -
Tutti.
Un poco meno mosso (lesend.) (lisant.)
schrieb. Bei dir wird der Mann er - schei - nen, den heiss dein Herz sich er -
rin. L'é - poux que ton cœur dé - si - re, Quand l'an - gé - lus son - ne -
Fl. Kl. Fag. Hörn.
Quart.

sehnt, wenn erst die Abendglo - cke er - tönt, die A - bendglo - cke
Anne Marie (Fanch.)
Der Tag vollbracht,
Le jour s'en fuit,
Liese. (halb wachend.)
(Denise) (s'eveillant a demi.)
Ja, ich hör' die Ves - per läu - ten.
Kath. (Cath.)
Der Tag vollbracht,
Le jour s'en fuit,
Peter. (Guillot.)
tönt.
Der Tag vollbracht,
Le jour s'en fuit,
Quart. Ob. Kl. Fag. Hörn.
Anne Marie (Fanch.)
es kam die Nacht. ja, ich hör' die Ves - per läu - ten,
voi - ci la nuit, voi - ci l'an - gé - lus qui son - ne,
Kath. (Cath.)
es kam die Nacht, ja, ich hör' die Ves - per läu - ten,
voi - ci la nuit, voi - ci l'an - gé - lus qui son - ne,
Liese. (Den.)
Es kam die Nacht, die Nacht, ja, die Glock' er -
Voi - ci, voi - ci la nuit, voi - ci l'an - gé -
Peter. (Guillot.)
es kam die Nacht, ja, ich hör' die Ves - per läu - ten.
voi - ci la nuit, voi - ci l'an - gé - lus qui son - ne.

der Tag vollbracht, es kam die Nacht, ah! rit. es kam die
le jour s'en_fuit, voi_ci la nuit, ah! voi_ci la
der Tag vollbracht, es kam die Nacht, ah! rit. es kam die
le jour s'en_fuit, voi_ci la nuit, ah! voi_ci la
schallt, der Tag vollbracht, es kam die Nacht, ah! rit. es kam die
las, le jour s'en_fuit, voi_ci la nuit, ah! voi_ci la
der Tag vollbracht, es kam die Nacht, es kam die
le jour s'en_fuit, voi_ci la nuit, voi_ci la
Ped. * Ped. * Vell. rit.
Nacht, ah! rit. es kam die Nacht.
nuit, ah! voi_ci la nuit.
Nacht, ah! rit. es kam die Nacht.
nuit, ah! voi_ci la nuit.
(lesend.) Indem ich dich, mein Püppchen, ihm zum Weibe gebe, geb' ich dir einen Schatz
(lisant.) En te donnant à lui mignonne, c'est un trésor que je te donne.
Nacht, ah! rit. es kam die Nacht.
nuit, ah! voi_ci la nuit.
Nacht, es kam die Nacht.
nuit, voi_ci la nuit.
Vell. Tutti. ff

Peter. Der Schatz, der Schatz, den er mir verheissen, jetzt verstehe ich Alles!

Liese *(aufwachend)* Wer ist da? träume ich? Bist Du es, mein Mann?

Peter Ja, Liese — ich bin's.

Liese. Peter!

Peter *(kniet vor ihr nieder)* Ja, Peter, der Dich liebt und Dich ganz, ganz leise fragt, mein liebes Lieschen, ob Du — ob Du seine Frau werden willst?

Katharine *und* **Anne Marie.** Ach, was hör' ich?

Peter *(wendet sich um).* Sieh Katharine und Anne Marie! guten Abend, Anne Marie! guten Abend, Katharine! — Hier, hier stelle ich Euch meine Braut vor.

Guillot. *Un trésor! je comprends!*

Denise (s'éveillant). *Hein! plait-il? que est ce? Est-ce vous, mon mari?*

Guillot. *Oui, Denise c'est moi!*

Denise. *Guillot!*

Guillot (se mettant à genoux devant Denise.) *Guillot qui t'aime, ma petite Denise et qui te demande de vouloir bien être sa femme.*

Catharine et Fanchette *Ah! bah!*

Guillot (se retournant). *Tiens! Catherine et Fanchette! bonsoir Fanchette, bonsoir Catherine, je vous présente ma femme.*

Zehnte Scene.

Nachtwächter, Bauer *und* Bäuerinnen, *alle mit Laternen.* Die Vorigen.

Katharine *und* **Anne Marie.** Seine Braut? und der Schatz?

Peter. Ich habe ihn gefunden.

Katharine. Halb Part!

Anne Marie. Ich bin auch dabei.

Peter. Beim Theilen — Ha, ja, ja!

Nachtwächter *(hinzutretend).* Und mein Antheil?

Katharine. Da kommt der Nachtwächter und das ganze Dorf!

Anne Marie. Nur näher, immer naher, Peter hat einen Schatz gefunden.

Alle. Ah!

Katharine. Der Gemeinde kommt er zu! Nicht wahr? Er muss ihn herausrücken.

Anne Marie. Wenigstens theilen muss er mit uns.

Peter. Theilen? das wäre noch besser! *(zeigt auf Liese.)* Da steht mein Schatz, und den werde ich allein behalten; den vergrabenen kömt Ihr suchen, ich lasse ihn Euch! *(Zu den Bauern)* Dank Euch, Nachbarn, dass Ihr Licht in unsre Verlobung gebracht habt.

Laternen hoch, zur Verlobung bei der Laterne!
(Alle Bauern erheben die Laternen.)

Scène 10me

Les mêmes, le garde-champêtre, puis les paysans et les paysannes avec des lanternes — Le garde-champêtre entre d'abord par la gauche, puis il appelle les paysans qui viennent de différens côtés.

Catherine et Fanchette. *Sa femme! Et le trésor?*

Guillot. *Je le tiens.*

Catherine. *Part à deux.*

Fanchette. *Part à trois.*

Guillot (riant.) *Part à quatre, ah! ah! ah!*

Le garde-champêtre (s'approchant) *Part à cinq.*

Catherine (parlé sur la musique) *Ah! v'là le garde-champêtre avec tout le village!*

Fanchette. *Approchez! approchez! Guillot a trouvé un trésor!*

Tous. *Ah!*

Catherine. *Il appartient à la commune, faut le forcer à le rendre.*

Fanchette. *Ou bien à partager avec nous!*

Guillot. *Partager! allons donc!* (montrant Denise.) *Mon trésor le v'là et je le garde pour moi seul. Quand au mago cherchez si vous voulez, je vous le cède.* (aux paysans.) *Merci, les amis, merci d'être venu éclairer nos fiançailles.*

Ce mariage là pourra s'appeler le mariage aux lanternes.

(Tous les paysans lèvent leurs lanternes.)

N°. 7. Finale.

Marcia.

Moderato. Dieser Marsch wird beim Auftritt des Nachtwächters und der Bauern gespielt.
Cette marche se joue pour l'entrée du Gard-champêtre et des paysans.

Peter.(Guillot.)
Heut' ist's aus, ihr wer - then Gä - ste, bis wir mor - gen
1. Viol. Ob.
Liese.(Den.)
wie - der uns sehn Doch thut eu - re Hand nicht das Be - ste, dann ist's um das
jus qu'à de - main. Mais, hé - las! no - tre des - ti - né - e est en - co - re
Anne Marie.(Fanch.)
Stück - chen ge - scheh'n. So leich - ter Waar' den Stab zu brechen, so streng-ge
dans vo - tre main. Pour u - ne piè - ce si lé - gè - re, faut-il se
Holz
Anne Marie.(Fanch.)
wer - den Sie nicht sein, nein!
fâ - cher tout de bon, non!
Kathar.(Cather.)
Nein! Wenn mor - gen Bess' - res wir ver -
Non! De - main
Liese.(Den.)
Nein!
Non!
Peter.(Guillot.)
Nein!
Non!
Tutti. Holz.

Ja! Klatschen Sie, klatschen Sie,
Oui! al - lons donc, al - lons donc,
sprechen, bereit zum Klatschen sind Sie da, ja!
Ja!
Ja!
Oui!
Tutti.
1. Viol (pizz.)
klat - schen Sie, klat - schen Sie, klat - schen Sie, klat - schen Sie,
al - lons donc, al - lons donc, al - lons donc, al - lons donc,
Klat - schen Sie, klat - schen Sie, klat - schen Sie, klat - schen Sie,
Al - lons donc, al - lons donc, al - lons donc, al - lons donc,
Klat - schen Sie, klat - schen Sie,
Al - lons donc, al - lons donc.
2. Viol. (pizz.)
Br. (pizz.)

klatschen Sie, klatschen Sie, klatschen Sie, klatschen Sie! So
al - lons donc, al - lons donc, al - lons donc, al - lons donc! Pour
klatschen Sie, klatschen Sie, klatschen Sie, klatschen Sie! So
p
Al - lons donc, al - lons donc, al - lons donc, al - lons donc! Pour
Holz. Hörn.
Vcll. (pizz.)
Quart.
leichter Waar' den Stab zu bre - chen, klatschen Sie, klat - schen Sie! so
u - ne pièce aus - si lé - gè - re, al - lons donc, al - lons donc, faut
leichter Waar' den Stab zu bre - chen, klat - schen Sie, klat - schen Sie! so
u - ne pièce aus - si lé - gè - re, al - lons donc, al - lons donc, faut-

strenge wer_den Sie nicht sein, so leich_ter Waar' den Stab zu bre_chen,
il se fâ_cher tout de bon, pour u_ne pièce aus_si lé_gè_re,
strenge wer_den Sie nicht sein, so leich_ter Waar' den Stab zu bre_chen.
il se fâ_cher tout de bon, pour u_ne pièce aus_si lé_gè_re,
so stren_ge wer_den Sie nicht sein, nein, nein, nein, nein, nein, nein,
faut-il se fâ_cher tout de bon, non, non, non, non, non, non,
so stren_ge wer_den Sie nicht sein, nein, nein, nein, nein, nein, nein,
faut-il se fâ_cher tout de bon, non, non, non, non, non, non,